MANUEL

DU

CANTONNEMENT DES DROITS D'USAGE.

Strasbourg , imprimerie de Veuve Berger-Levrault. — 1284.

MANUEL

DU

CANTONNEMENT DES DROITS D'USAGE

DESTINÉ

AUX MAIRES, AUX ADMINISTRATEURS DES COMMUNES USAGÈRES

ET AUX PROPRIÉTAIRES DE FORÊTS GREVÉES DE DROITS D'USAGE

PAR

H. DE BAZELAIRE,

JUGE DE PAIX.

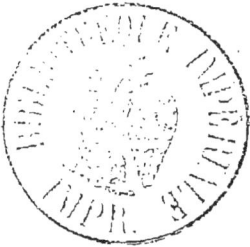

—◦◇◦—

VEUVE BERGER-LEVRAULT ET FILS, LIBRAIRES.

PARIS, | STRASBOURG,
Rue des Saints-Pères, 8. | Rue des Juifs, 26.

1858.

MANUEL

DU

CANTONNEMENT DES DROITS D'USAGE.

——∘o⤙⤚o∘——

SOMMAIRE.

——∘o⤙⤚o∘——

INTRODUCTION.

Dans toute opération de cantonnement, la préoccupation dominante de l'usager est que cette mesure, dont le propriétaire de la forêt a seul l'initiative, est restrictive de ses droits, et qu'en préparant le projet soumis à son acceptation, on n'a cherché dans les titres que l'interprétation favorable au propriétaire. L'on trouve donc généralement l'usager sous l'impression d'une certaine défiance, d'une sorte d'hostilité préconçue, à l'égard du travail livré à son appréciation. Ce sentiment, effet de l'ignorance des principes d'équité et de la jurisprudence qui servent de base aux opérations de cantonnement des droits d'usage, est peut-être plus sensible encore chez les administrateurs des communes usagères, corroboré qu'il est d'un prétendu devoir de soutenir, envers et contre tout, l'intérêt de la commune.

Le but de ce *manuel* est de rappeler en les expliquant ces principes d'une manière simple et pratique, sans discussion de questions de droit, mais avec l'appui de la jurisprudence, afin de fournir aux maires, aux administrateurs et aux usagers, les moyens de s'éclairer sur leurs titres et sur l'étendue de leurs droits. Il indique la marche des opérations qui sont du ressort des experts, ainsi que les méthodes suivies, et permet ainsi à l'usager de contrôler lui-même ces opérations et d'apprécier, d'une manière raisonnée et éclairée, les bases du projet.

Alors, connaissant le droit strict, les usagers

apercevront, dans les propositions qui leur seront faites, les concessions, la manière large d'interpréter leurs droits, les conclusions favorables à leurs intérêts, que présentera toujours un projet de cantonnement *amiable,* du moins en fait de forêts domaniales ; car telle est l'intention bienveillante du Gouvernement, ainsi que le prouvent les prescriptions résultant du décret du *19 mai 1857,* dû à l'initiative généreuse de l'Empereur.

La mesure d'un cantonnement général des droits d'usage dans les forêts de l'État est devenue une nécessité. D'abord, l'augmentation incessante des usagers et, par suite, l'atténuation de leur part proportionnelle d'affouage ; ensuite, l'intérêt des forêts elles-mêmes qui réclament un aménagement, auquel fait obstacle l'exercice des usages, telles sont les considérations qui ne permettent pas de laisser subsister plus longtemps un genre de servitudes que des jurisconsultes pénétrés de craintes pour l'avenir ont justement appelé *servitudes dévorantes.*

Les deux parties sont donc intéressées à rompre le contrat passé dans des conditions de population et de besoins bien inférieures. Chacune d'elles,

devenue propriétaire libre, pourra se livrer aux
améliorations dont le résultat sera permanent, et
créer des réserves qui, dans un temps assez rapproché, doubleront le produit et la valeur de ces
fonds si précieux.

La sylviculture comme l'agriculture est une
science qui doit progresser avec les besoins; la
culture forestière comme la culture rurale ne
prospère qu'en proportion des soins qu'on lui
donne; or, cette culture forestière, qui n'est autre
qu'un aménagement rationnel, n'est possible que
dans une forêt entièrement libre.

PREMIÈRE PARTIE.

ARTICLE 1.er

Définition du cantonnement des droits d'usage en bois.

1. Le cantonnement est une opération par laquelle le propriétaire de la forêt grevée de droits d'usage en bois au profit des communes, des établissements publics ou de particuliers, convertit ces droits d'usage en un droit de propriété sur une portion de cette forêt; en d'autres termes, le propriétaire rachète les droits des usagers et les paie au moyen d'une portion de forêt d'une valeur égale à celle de ces droits.

2. Lorsque les droits d'usage que le propriétaire de la forêt veut racheter, consistent en des

droits de pâturage et de pacage, il ne peut les payer qu'en argent et non en nature; l'indemnité est égale à la valeur de ces droits.

3. Le propriétaire a seul le droit d'exercer le cantonnement des droits d'usage quelconques dont est grevée sa forêt.

L'usager ne peut ni le proposer ni le refuser en principe, lorsqu'il s'agit d'usages en bois. Il en est autrement lorsqu'il s'agit d'usages en pâturage et pacage; l'usager peut refuser le rachat lorsqu'il justifie que l'exercice de ce droit lui est d'une indispensable nécessité; et, d'un autre côté, il peut exiger que le propriétaire opère ce rachat dans certains cas, que j'examinerai au chapitre spécial des droits d'usages en pâturage. Enfin, dans le cas où la forêt est possédée par plusieurs propriétaires, l'usager peut refuser un cantonnement partiel. La servitude doit être rachetée en entier par l'ensemble des propriétaires; la recevabilité du cantonnement est à ce prix.

4. De ces principes l'usager peut déduire quelle est la position qui lui est faite par l'art. 63 du Code forestier, ainsi conçu : « Le gouvernement « pourra affranchir les forêts de l'État de tout

« droit d'usage en bois, moyennant un cantonne-
« ment qui sera réglé de gré à gré, et, en cas de
« contestation, par les tribunaux. L'action en af-
« franchissement d'usage par voie de cantonne-
« ment n'appartiendra qu'au Gouvernement et non
« aux usagers. » L'art. 63 se complète par celui,
118, ainsi conçu : « Les particuliers jouiront, de
« la même manière que le Gouvernement et sous
« les conditions déterminées par l'art. 63, de la
« faculté d'affranchir leurs forêts de tous droits
« d'usage en bois. »

Ainsi le propriétaire peut imposer à l'usager la
conversion de son droit ; l'usager n'a aucune initiative dans cette opération ; son action ne commence que lorsqu'il s'agit de contrôler les bases du
projet qui lui est soumis en forme de proposition.

ARTICLE 2.

Le cantonnement est amiable ou judiciaire.

5. Il est amiable ou de gré à gré, comme dit
la loi, si l'usager accepte le projet tel qu'il lui
est soumis par le propriétaire, ou si ses obser-
vations sont admises et sont introduites par les
experts en modification du projet primitif.

6. Le cantonnement est judiciaire, si l'usager repousse le projet comme ne donnant pas une satisfaction suffisante à ses droits, ou s'il persiste dans des prétentions que le propriétaire rejette. De ce moment commence, de la part de ce dernier, une instance qui est déférée aux tribunaux. Ceux-ci sont appelés alors, suivant l'objet de la contestation, soit à interpréter les titres de concession des droits d'usage pour en fixer l'étendue ou la continuité, soit à nommer des experts pour estimer la valeur contestée du capital usager, ou celle de la portion de forêt offerte en cantonnement.

ARTICLE 3.

Avantage pour les usagers du cantonnement amiable.

7. Les tribunaux appelés à établir un cantonnement ne peuvent prendre en considération rien autre que les droits du propriétaire et ceux de l'usager, et non l'intérêt qui peut se rattacher à l'une ou l'autre partie. En second lieu, le doute dans l'interprétation des titres se résout en faveur du propriétaire et non de l'usager. En un mot, les magistrats ne peuvent se déci-

der que d'après le *droit*, et non pas faire *grâce et faveur*.

8. Mais il en est autrement des experts du cantonnement amiable. Lorsqu'il s'agira de communes usagères dans les forêts domaniales , la considération que l'État qu'ils représentent est tuteur des communes , et qu'il doit , en cette qualité, mesurer largement le droit de ses pupilles , sera puissante près d'eux, et les engagera à entrer libéralement dans la voie des concessions.

Tel est l'esprit et le but du décret du 19 mai 1857. On trouvera plus bas, sous le n° 54, le texte et le commentaire de ce décret, dont voici les motifs : «Vu l'article 63 du Code forestier; vu « le décret du 12 avril 1854; considérant qu'il y « a lieu d'imprimer aux opérations de cantonne- «ment la plus grande célérité possible , et, en «même temps, de les diriger dans un esprit de « conciliation, avons décrété, etc.»

La loi autorisant l'administration à traiter de gré à gré avec les usagers, les agents désignés par elle comme experts prendront , tant pour l'évaluation de l'étendue et de la valeur des droits des usagers, que pour la désignation du canton à donner en rachat de ces droits, non-seulement les bases que leur trace le décret du 19 mai 1857, mais celles que leur suggéreront les circonstances et la vue des lieux. Cette double considération doit suffire aux administrateurs des communes pour leur faire comprendre de quel intérêt il est, pour leurs administrés, de profiter de cette voie amiable qui leur est ouverte, et ils ne doivent jamais perdre de vue que les concessions à espérer du gouvernement sont purement bénévoles de sa part; qu'elles ne peuvent jamais être exigées comme un *droit,* et qu'en cas de recours aux tribunaux, ces derniers ne pourraient admettre ces concessions, qui sortent des limites tracées par la jurisprudence pour l'exécution du cantonnement judiciaire.

Certainement, les usagers, les maires et les conseillers municipaux n'entendront pas toujours, dans les conseils qu'ils chercheront, un avis aussi pacifique ; mais l'étude des questions de cantonnement qui vont être exposées dans cet ouvrage d'une manière pratique, leur permettra de reconnaître, par eux-mêmes, que le cantonnement amiable est certainement plus avantageux que le cantonnement judiciaire.

Les intentions bienveillantes du chef de l'État, à l'égard des communes usagères des forêts domaniales, font un devoir aux administrations municipales d'adopter franchement la voie amiable ouverte aux instances de cantonnement en vue desquelles des commissions spéciales ont été créées dans chaque département, avec mission d'opérer suivant la pensée généreuse du décret.

Pour que les maires et conseils municipaux puissent agir en connaissance de cause, il faut qu'ils sachent en quoi consiste l'opération matérielle d'un cantonnement de droits d'usage en bois : c'est ce qui fera l'objet des chapitres suivants.

Je le répète, ce manuel n'a pas pour but la discussion des questions de droit, mais l'application pratique de celles qui sont fixées par la jurisprudence; ce sera sur celles-là seules qu'il s'appuiera, puisqu'elles ne donnent pas lieu à discussion, et, pour en faire juges les lecteurs, un numéro d'ordre renverra au texte des arrêts définitifs reproduits à la fin du volume.

ARTICLE 4.

Opérations du cantonnement.
Examen des titres.

9. Les cantonnements, soit amiables, soit judiciaires, présentent toujours à résoudre cette première question : Quelle est l'étendue de la servitude d'usage à cantonner ? En effet, avant de déterminer en quoi consistera le prix, il faut déterminer la valeur de la chose. Cette chose est l'importance réelle du droit d'usage évaluée en argent, et qui prend le nom de *capital usager*.

C'est là l'opération la plus délicate du cantonnement, puisqu'elle comporte une interprétation de titres, de contrats passés dans des temps reculés ; elle se complique par l'appréciation des éléments divers sur lesquels doivent porter les investigations des experts.

Les administrateurs des communes usagères devront, de leur côté, se livrer à cet examen, afin de contrôler le projet de cantonnement qui leur sera soumis, et de faire valoir tout ce que l'équité leur permettra de demander au nom de leurs communes.

10. Seront donc établis ici les règles sur lesquelles les experts, dans leur travail particulier, doivent se baser pour opérer la reconnaissance et fixer l'étendue des droits des usagers dans la forêt qu'il s'agit d'en affranchir ; ces mêmes règles serviront aux usagers à apprécier leurs droits personnels.

Il y a pour l'interprétation des titres de concession de droits d'usage des règles générales que la jurisprudence ancienne, comme la nouvelle, ont admises ; elles sont puisées dans cette maxime : *Non quod scriptum, sed quod gestum, inspicitur.* Aucun auteur mieux que Meaume, le savant commentateur du Code forestier, n'a formulé ces règles générales, qu'il établit ainsi au nombre de trois.

« Première règle. — Il ne faut jamais s'arrêter « à la lettre des expressions du titre , quelque « formelles qu'elles puissent paraître ; on doit tou- « jours rechercher quelle est la nature du droit « concédé. »

« Deuxième règle. — L'usage concédé, sans « autre désignation spéciale, ne s'étend qu'à l'usage « en bois de chauffage. »

2

« Troisième règle. — En cas de doute, on doit « décider en faveur du propriétaire de la forêt.»

Il faut ajouter que la possession doit venir au secours de l'interprétation des titres, et que, dans le doute, elle doit être le guide le plus sûr. (1)

11. C'est ici le cas de parler de l'examen matériel des titres.

Les originaux des anciens titres deviennent chaque jour plus rares. Le temps, qui détruit tout, les emporte comme tout le reste, et la plupart n'existent plus qu'en copies. Si cela est vrai à l'égard des archives publiques, à plus forte raison cela existe à l'égard des archives des communes ou de celles des descendants des anciens seigneurs. Aussi il arrive que, dans la plupart de leurs procès, les communes en sont réduites à ne produire que des copies de leurs anciens titres. Mais, de même qu'il y a des règles pour s'assurer de la vérité des originaux, il en existe aussi qui déterminent le degré de confiance que l'on doit aux copies. Ainsi, il faut distinguer si la copie d'un acte original et authentique est produite en forme probante, ou si elle n'est revêtue d'aucune formalité. La copie est en forme probante, lorsqu'elle est déclarée délivrée conforme à l'original par une autorité qui était alors compétente.

Souvent les anciens titres sont conservés sous forme de ce que l'on appelait alors *Vidimus*. Cette énonciation indiquait que la personne et les témoins qui en prenaient copie, avaient eu sous les yeux l'original lui-même.

Enfin, une copie de titre est en forme probante, lorsque le texte est rapporté accessoirement dans un autre titre original ou qui a tous les caractères de l'authenticité ; dans ces cas, en l'absence d'un original ancien et qu'il faut supposer perdu, on doit accorder autant de force à une copie authentique qu'à l'orginal lui-même.

Mais si la copie n'est pas signée, elle ne pourra servir que d'indice, de commencement de preuve par écrit. Différentes circonstances peuvent donner plus de force à cet indice, à savoir, si plusieurs copies, de mains et de dates différentes, sont concordantes ; si elles se trouvent recueillies dans des dépôts publics ; si elles sont écrites sur papier contrôlé ou portant le timbre de l'époque.

La copie non signée, de même que la copie de copie, ne prouve rien contre personne ; elle ne laisse, comme il a été dit, qu'une présomption ; cependant elle prouve contre celui qui la produit en ce sens qu'en la produisant, il l'a approuvée, et qu'il est censé être convenu de la vérité de tout ce qu'elle contient.

Particularités des anciens titres de concession de droits d'usage.

AMÉNAGEMENT ANCIEN. — CLAUSE DU TIERS DENIER ET DU TIERS ET DANGER. — CHAUFFAGE. — MARONAGE. — BOIS DE CLÔTURE. — BOIS D'INDUSTRIE. — MORT-BOIS. — BOIS MORT. — BOIS SUR PIED. — AUTRES NÉCESSITÉS.

12. Il convient de passer en revue ici les différentes circonstances qui se présentent le plus généralement dans les titres de concession d'usage. On conçoit qu'il est impossible de prévoir toutes les clauses qui ont pu être introduites dans ces contrats anciens et régis autrefois par des coutumes diverses ; mais ce cadre permettra aux administrateurs éclairés et intelligents de rencontrer la plupart des circonstances que comporteront les titres de concession de droits d'usage en bois.

Dans presque tous les cas, l'origine de la concession se perd dans la nuit des temps ; aussi voit-on généralement le titre écrit se référer au droit et possession immémoriale. Vint un temps où les usagers, devenant plus nombreux, et, par suite de cette augmentation de parties prenantes, les officiers des seigneurs fonciers portant entrave à l'exercice originairement illimité de leur usage, sentirent la nécessité de faire reconnaître par un titre écrit l'étendue de leurs droits.

D'autres fois, ce furent les seigneurs eux-mêmes qui prirent l'initiative de consigner en un titre l'étendue des droits de leurs sujets, pour mettre un terme à la dégradation et à la ruine de leurs bois. Puis, vinrent des époques où une mesure générale, comme l'ordonnance de 1669, les lois de ventôse an XI et an XII, et, en dernier lieu, la loi de 1827, obligea les usagers à faire reconnaître et confirmer leurs droits d'usage en bois.

Ces dernières circonstances ont permis à la plupart des communes de conserver leurs titres. Celles qui ne les possèdent point, devront recourir ou aux archives des départements qui concentrent les archives des anciennes maîtrises ou des anciens ordres religieux, dont les biens ont été réunis au domaine de l'État; ou aux archives de l'Empire qui ont concentré, à Paris, les arrêts des parlements des diverses provinces successivement réunies à la France.

13. AMÉNAGEMENT ANCIEN. Jusque vers le milieu du dix-huitième siècle, le propriétaire de forêts grevées de droits d'usage pouvait resserrer et circonscrire le droit des usagers dans une portion déterminée de ses forêts. Le but de cette faculté, attribuée au propriétaire seul, était de rendre le droit d'usage le moins préjudiciable pour lui, sans cependant diminuer la quotité des produits de la servitude.

L'opération appelée *aménagement* et quelquefois *cantonnement*, consistait à déterminer une portion de la forêt grevée, dont toute la superficie était concédée aux usagers, mais dans laquelle portion seule était restreint l'exercice de leur usage; le surplus de la forêt se trouvait ainsi libéré de tous droits d'usage quelconques (2).

On voit que l'aménagement ancien était, moins la concession du fonds, ce qu'est aujourd'hui le cantonnement.

14. La circonstance d'un aménagement ancien ou cantonnement d'alors n'empêche pas aujourd'hui le propriétaire de provoquer un cantonnement nouveau dans les termes de l'art. 63 du Code forestier, puisque la nue propriété de la portion de forêt sur laquelle ont été concentrés les droits d'usage n'ayant pas cessé de lui appartenir, il peut toujours mettre un terme à l'indivision qui rend cette propriété inerte entre ses mains; mais cette circonstance d'un aménagement ancien modifie essentiellement l'évaluation du capital usager.

15. Dans tous les lieux où les seigneurs ont fait procéder à un aménagement, les titres portent en général cette énonciation : *Telle partie appartient au seigneur, le surplus réservé à l'usage des habitants.* Il ne faut pas induire de là que le seigneur ne possédait que la partie qu'il déclare lui appartenir; *le fonds* de celle réservée à l'usage n'a pas cessé de lui appartenir. Cela résulte de l'essence même de l'aménagement qui n'était qu'une réserve établie par le seigneur fatigué par l'usage illimité des habitants.

16. Si les titres témoignent aujourd'hui d'un

aménagement antérieur, les usagers auront à examiner dans les documents si l'aménagement ancien ne les a pas frustrés de quelques-uns de leurs
droits, ou s'il a restreint les produits qu'ils tiraient
de l'usage avant cette opération. Dans ces cas, ils
pourront demander que la valeur de leur droit,
c'est-à-dire, le capital usager, soit établie, non
d'après les produits qu'ils retiraient de la portion
aménagée, mais d'après ceux qui leur étaient dus
avant l'aménagement. En effet, on peut regarder
comme résiliée, par la demande en cantonnement
actuel, la transaction ancienne résultant de l'aménagement, et, dès lors, les parties doivent être
ramenées à leur condition primitive (3).

Mais si l'usager ne fournit pas la preuve d'un
préjudice, on doit présumer que la portion qui lui
a été donnée par l'aménagement suffisait à tous
ses besoins; en conséquence, l'évaluation du capital usager se fera d'après la valeur de tous les
produits de cette portion, et les experts détermi-
neront, sans tenir compte de l'étendue de forêt
sur laquelle l'usage était exercé avant l'aménagement, la part à attribuer, en *toute propriété,* aux
usagers, et celle qui doit être restituée libre de

toute servitude d'usage, au nu-propriétaire de la portion de l'ancien aménagement, Dans ce cas, la jurisprudence des cours, dont le pouvoir est souverain à cet égard, a fixé la part revenant au nu-propriétaire, tantôt au dixième, tantôt au quinzième de la portion donnée autrefois en aménagement. Toute proposition faite dans ces limites par les experts, doit donc être acceptée.

Qu'ici l'usager ne pense pas être frustré en se voyant enlever une partie de la portion dont il jouissait par *l'aménagement ancien;* qu'il se rappelle qu'il ne possédait pas le fond, et qu'en devenant possesseur par l'effet du cantonnement moderne, il doit perdre en produit précisément l'équivalent de ce qu'il gagne en solidité.

17. TIERS DENIER ET DANGER. Le tiers et danger était un droit exclusivement royal et domanial, les seigneurs n'avaient point le droit de l'exercer, et il paraît n'avoir été mis en pratique que dans la province de Normandie. Il avait pour objet de réserver au roi la tierce partie et la dixième partie du prix de la vente d'une coupe de bois dans les forêts des communautés propriétaires ou simplement usagères.

La tierce partie représentait le tiers denier, et la dixième partie représentait le droit de danger.

Dans d'autres provinces, celles de Lorraine, de Bar et du Clermontois, existait, au profit des ducs comme des seigneurs, le droit de tiers denier seul.

Ni l'une ni l'autre de ces clauses, que l'on peut rencontrer dans les titres, ne met obstacle au cantonnement (4) et les droits de tiers denier et danger ayant été abolis, comme droits féodaux, par les lois de 1790-1792, et n'ayant plus été exercés depuis, ne peuvent être l'objet d'aucune restriction dans l'évaluation du droit d'usage qu'il s'agit de capitaliser.

18. Bois de chauffage. Presque toujours le titre désigne la concession du droit au chauffage, mais on a vu que l'expression « usage, » employée seule, c'est-à-dire, sans aucune addition ou indication spéciale, équivalait à l'expression *chauffage*. Ainsi donc, lorsqu'un titre, en désignant une forêt, dira qu'elle est soumise à *l'usage*, on entendra que cet usage est celui du chauffage seulement.

19. La jurisprudence ancienne, comme celle actuelle, a toujours considéré que l'exercice de

l'usage ou chauffage devait être satisfait sur le mort-bois et sur le bois mort avant toute autre essence, et que ce n'était qu'à défaut de bois morts, chablis, volis, morts-bois et bois blancs, que l'on devait faire entrer le bois dur dans la satisfaction de l'usage. On suivra ces préceptes lorsqu'il s'agira d'évaluer un droit au chauffage dont le titre ne désigne point les essences, c'est-à-dire, qu'on devra d'abord estimer la valeur du chauffage au moyen des produits les moins utiles pour le propriétaire, et on ne fera entrer les bois durs dans l'évaluation qu'autant que les essences moins précieuses manqueraient ou seraient insuffisantes.

20. Le droit au chauffage est presque toujours présenté dans les titres comme indéterminé, c'est-à-dire, que la quantité n'est pas fixée. Cela s'explique facilement; car à l'époque où ont eu lieu la plupart des concessions, les forêts étaient riches et sans valeur; l'usager y recevait tout ce qui était nécessaire à ses besoins pour son chauffage et ses *autres nécessités;* cette dernière expression comprend la cuisson de ses aliments et de ceux de ses bestiaux, et complète le droit au bois de *feu* ou de *foyer.* Mais les forêts s'épuisèrent

et le nombre des usagers s'accrut sensiblement; ce fut alors que des restrictions furent apportées à l'exercice de l'usage, et que, par suite de ces restrictions, des conflits s'élevèrent entre les usagers et les propriétaires; aussi, la jurisprudence fut-elle appelée à fixer la quotité du droit au chauffage, c'est-à-dire, des besoins de l'usager. Cette quotité est généralement portée à 12 stères de bois de sapin, ou 8 stères de bois de hêtre, par habitant; en d'autres termes, à 12 stères de bois blanc, ou 8 stères de bois dur. Mais il est évident que cette délivrance, par feu, est subordonnée à la possibilité de la forêt, question qui sera traitée plus loin, et que, lorsque la quotité énoncée dans les titres, ou fixée comme la jurisprudence l'a fait, ne peut être atteinte dans les délivrances, c'est la possibilité entière en bois de chauffage que doivent évaluer les experts pour fixer le capital usager représentant la valeur du droit au chauffage.

21. Bois mort ou mort-bois. Il y a des titres qui limitent absolument soit au bois mort, soit au mort-bois, les droits des usagers. Il importe de déterminer, en ce cas, l'étendue de la servitude

d'usage. Le bois mort est celui qui n'a plus de séve et ne végète plus, soit qu'il soit gisant, c'est-à-dire tombé et rampant par terre, soit qu'il soit encore sur pied. Si les titres expriment simplement : *bois mort*, c'est que le droit s'applique à tous bois mort en cime et racine (estant), comme au bois gisant, conformément à l'ordonnance de 1669; mais si les titres spécifient l'une de deux natures, *estant* ou *gisant*, c'est en raison de cette distinction que sera faite l'évaluation du droit.

22. Si les titres ne désignent pas les essences que comporte la qualité de mort-bois, on ne doit comprendre comme telles que les neuf espèces qui sont définies dans l'ordonnance de 1669, comme énoncées dans la charte normande; c'est ce qu'a reconnu la cour de cassation. Les neuf essences sont : le saule, le marceau, l'épine, le prunellier le sureau, l'aulne, le genêt, le genévrier et la ronce.

Cependant, quelques provinces qui n'étaient pas réunies à la France avant l'ordonnance de 1669, admettaient quelques autres essences comme faisant partie du mort-bois. Suivant la coutume de Lorraine, titre XV, art. 20 : «Le mort-bois est

« comme aulnes, genêts, épines et autres bois ne « portant fruit, autrement dit blanc-bois ». Le blanc-bois comprenait le saule, le marceau, l'aulne, le tremble, le peuplier et le bouleau.

La coutume de l'évêché de Metz allait plus loin, l'art. 13, titre XIV est ainsi conçu : « Bois mort est le bois sec, debout ou gisant, et mort-bois est toute sorte de bois, hormis le chêne et le hêtre.

En Franche-Comté, le hêtre était admis au nombre des mort-bois. En Alsace, on joignait aux neuf espèces de la charte normande le coudrier, le fusain, le sanguin, le troëne et le houx, et aussi le charme buisson, le tremble et le bouleau ; enfin dans cette province, on regardait comme mort-bois, ou bois blanc, toute autre essence que le chêne, l'orme, le frêne, le charme-hêtre et autres fruitiers ; ces derniers comprenaient le châtaigner.

Il est à présumer que ces différents droits ne sont plus satisfaits séparément en ce sens qu'ils sont confondus, depuis longtemps. Dans la satisfaction et dans la délivrance du chauffage, mais toutes les fois que les communes usagères seront renvoyées à l'exécution de leurs anciens titres,

les experts, comme les administrateurs des
communes, peuvent avoir à étudier ces différentes circonstances de la concession du bois de
chauffage.

23. Les communes qui peuvent être renvoyées
à des titres primordiaux, contenant des clauses
de l'espèce, sont celles qui, récemment, ont été
ramenées à la condition primitive d'usagers en
suite de la revendication de la propriété par les
vrais propriétaires; et encore, celles qui ayant
passé avec les princes, des transactions modifiant
leur droit primitif, mais *jusqu'à bon plaisir*,
verraient ces transactions aujourd'hui révoquées
par l'application de cette clause.

24. Arbres sur pied. Quelques titres présentent
les délivrances en chauffage, comme devant se
faire au moyen d'un ou plusieurs arbres sur pied,
par habitant. Il faut, à cet égard, que le titre soit
parfaitement explicite, car, dans toute autre circonstance que cette réserve de délivrance sur pied,
c'est au produit du taillis, quelque insuffisant qu'il
puisse être, que s'arrête la possibilité en chauffage.
La nature et la destination des arbres de futaie
les soustrairont toujours à la composition du

chauffage. Donc, si le titre exprime que la délivrance se fera *exclusivement* en arbres sur pied, l'évaluation de la valeur du droit se fera sur cette base; mais autrement, la délivrance sur pied ne sera considérée que comme devant se faire en taillis.

25. Cependant, si le mode d'exploitation adopté par le propriétaire avait remplacé le taillis par la futaie, il serait de toute équité que la possibilité en chauffage ne fût pas confinée aux cimeaux et branchages des arbres de futaie, mais l'évaluation du droit de chauffage devrait se faire en raison des titres, et la futaie devrait entrer dans la satisfaction du chauffage.

26. Maronage. Ce droit, appelé dans certaines provinces marnage ou grand ramage, diffère suivant l'expression qui lui est donnée dans les titres. Si le titre emploie l'une des expressions: maronage, bois de construction, bois de bâtiment ou bois à bâtir, le droit comprend le bois propre aux nouvelles constructions, aussi bien que celui destiné à la réparation des bâtiments; mais si le titre emploie l'une des deux expressions, bois propre à la réparation, ou propre à l'entretène-

ment des maisons, on doit s'en tenir à ces expressions, et l'évaluation du droit ne peut se faire qu'en raison de cette limitation du droit.

27. Les droits de maronage concédés à une commune s'appliquent aux édifices communaux, quand même ils ne seraient point spécifiés dans les titres.

Mais quelle que soit la condition de l'usager, il ne résulte, pour lui, de l'expression générale, *bois de maronage*, que le bois nécessaire pour les combles, planchers, cloisons, portes et fenêtres; tous autres bois, notamment celui de bardeaux ou essis pour couverture de tuyaux et d'auges de fontaine, doivent être spécifiés au titre pour pouvoir être pris en considération dans l'estimation de la valeur du bois de maronage.

28. Le droit de maronage n'existe qu'en faveur des maisons construites avant le 4 août 1789, c'est ainsi que la jurisprudence l'a universellement reconnu; et, en effet, ou les usagers payaient une redevance pour l'exercice de ce droit, et ces redevances ont été annulées par la loi précitée, ou le seigneur pouvait s'opposer à l'extension du nombre des maisons, et ce droit a été anéanti

par cette même loi. Dès lors les nouveaux habitants qui viennent construire dans la région de l'usage, n'ayant rien à offrir en compensation du droit de maronage, ne peuvent ni y prétendre ni le recevoir. Ainsi, soit qu'il s'agisse d'un cantonnement judiciaire, soit qu'il s'agisse d'un cantonnement amiable en raison du décret du 19 mai 1857, l'évaluation du droit de maronage se fera eu égard seulement aux maisons construites avant le 4 août 1789.

29. BOIS D'INDUSTRIE. Certains titres donnent à l'usager le droit de prendre du bois de travail pour le charronage, la boisellerie, la confection des sabots et, enfin, les échalas de vignes. L'étendue et la valeur de ces droits doit être appréciée d'après les termes et l'esprit du titre constitutif. Il est évident que c'est dans la futaie que se prennent les délivrances de ces droits. Pour le charronage, c'est dans les bois durs de première qualité; pour la boissellerie, c'est dans le hêtre et le sapin; pour les bois de fente, dans le chêne et le châtaigner. Ces éléments doivent influer sur l'évaluation du droit qu'il s'agit de cantonner.

30. BOIS DE CLÔTURE. Le droit au bois de clôture

se rencontre souvent dans les titres, mais on peut dire qu'il n'est plus exercé. La division de la propriété, les lois et coutumes sur la vaine pâture sont devenues un obstacle à la clôture des héritages, ou n'en ont plus nécessité l'usage. D'un autre côté, l'aménagement des forêts en taillis d'âge ou en futaies n'a plus permis de rencontrer ces gaulis ou fascines qui servaient exclusivement à la clôture. Mais dans ce dernier cas, celui de défaut de possibilité résultant d'une transformation de la forêt, si le droit est constaté par les titres, l'usage a pu n'être que suspendu, mais maintenu par des actes conservatoires, en l'absence de délivrances, et, alors, l'évaluation de ce droit doit entrer en ligne de compte dans l'établissement du capital usager.

31. Nécessités. Cette expression se présente souvent seule ou accompagnée de cette autre : usage pour *tous les besoins ou nécessités.*

Dans le premier cas, il faut distinguer si *autres nécessités* accompagne l'expression du droit de chauffage ; en ce cas, elle n'en est que le complément et ne lui donne pas plus d'étendue ; elle explique que le droit est accordé pour le chauffage des habitants, la cuisson de leurs aliments, celle de leurs animaux domestiques, enfin, pour les opérations du ménage, qui sont les *autres nécessités* d'un habitant.

L'expression de : *autres nécessités*, venant à la suite de l'énumération des droits, est une expression indéterminée, qui ne pourrait s'expliquer que par la possession ; mais qui, à défaut de cette interprétation, ne peut donner matière à une évaluation en argent pour concourir à la formation du capital usager.

32. Telles sont les diverses circonstances qui, généralement, peuvent se rencontrer dans les titres de concession d'usages, et qui doivent être pesées pour l'évaluation du droit ; mais ces diverses circonstances ont pu être modifiées par la possession, et sont toujours subordonnées à la possibilité de la forêt grevée. Ces deux points doivent être successivement établis ici.

Les droits d'usage peuvent être éteints par le non-usage pendant trente ans, puisque ce sont des servitudes, et que, dès lors, ils sont soumis aux dispositions de l'art. 706 du Code civil.

Il y a plusieurs distinctions à faire à l'égard de

la péremption : si le droit d'usage avait été concédé moyennant une redevance, et que l'usager eût continué à payer une redevance sans recevoir de délivrances, il n'y aurait pas de prescription à lui opposer, ce paiement non interrompu étant un acte conservatoire. Si, au contraire, l'usager a discontinué de payer la redevance pendant trente ans, sans cesser de recevoir les délivrances, son droit d'usage ne sera pas périmé, mais la redevance sera éteinte.

33. En ce qui concerne le droit de maronage, il y a une distinction particulière à faire; l'exercice du maronage a pu être suspendu pendant trente ans par une cause indépendante de la volonté des parties. Il a pu arriver que, pendant trente ans, la possibilité de la forêt n'ait point permis de délivrances, ou que l'usager n'ait pas eu besoin de réparer la maison en faveur de laquelle était établi le droit de maronage; dans ces cas, ce droit ne sera prescrit qu'autant que l'usager n'aura pas fait, pendant cette durée, d'actes conservatoires, qui sont nécessaires pour empêcher qu'on ne puisse induire de son silence la renonciation à l'exercice dans l'avenir de ses

droits. Il pourrait, d'ailleurs, après vingt-huit ans, demander un titre nouvel ou récognitif du droit de maronage. La jurisprudence de la Cour de cassation ne laisse aucun doute que l'usage en bois de construction peut être déclaré prescrit, dans le cas où l'usager n'aurait pas fait d'actes possessoires pendant les trente dernières années. (6)

Mais il suffira, dans une commune, qu'un seul des usagers ait obtenu une délivrance ou ait fait un acte conservatoire, pour que cette jouissance empêche la prescription à l'égard de tous, c'est ce que veut l'art. 709 du Code civil. Il faut ajouter que l'exercice du droit d'usage sur une seule partie de la forêt, le conserve sur toutes les parties, à moins que les titres n'aient spécifié les cantons sur lesquels un droit quelconque s'exercera.

34. Les titres peuvent accorder aux communautés un droit éventuel d'usage, comme pour réparation d'édifices *en cas d'incendie*, réparation de digues ou de ponts, *en cas de destruction par force majeure*. Dans ces cas, les communes ne sont tenues à aucune diligence pour interrompre la prescription, puisque ici c'est l'art. 2257 du

Code civil, qui est applicable à la servitude concédée sous la condition d'un événement incertain.

35. Enfin, la Cour de cassation, appliquant
les principes du Droit civil, décide que la prescription des droits d'usage est suspendue durant
le temps pendant lequel les droits d'usage se
trouvent confondus avec la propriété dans les
mêmes mains. C'est le cas des communes qui,
par une fausse interprétation des lois de la révo-
lution, s'étant emparé des forêts dans lesquelles
elles étaient simples usagères, ont été ramenées
à leur condition primitive.

36. Les experts auront à examiner si les usagers n'ont point encouru de prescription.

La prescription trentenaire est opposable aux
usagers compris dans les trois classes établies par
l'art. 61 du Code forestier, qui les divise ainsi :

1re Classe, ceux dont, au jour de la promulgation de la loi, les droits auront été reconnus
fondés soit par des actes du Gouvernement, soit
par des jugements ou arrêts définitifs.

2e Classe, ceux dont les droits seront reconnus
fondés par suite d'instances administratives ou
judiciaires actuellement engagées.

3ᵉ Classe, les droits pour lesquels il sera intenté instance devant les tribunaux dans le délai de deux ans, à dater du jour de la promulgation de la loi, par les usagers actuellement en jouissance.

37. En ce qui concerne les usagers de la première classe, il est une observation à faire, c'est qu'ils ne jouissent plus en vertu de leurs titres primordiaux, mais seulement en vertu des titres récognitifs, dont ils ont dû être pourvus conformément à l'ordonnance de 1669 et autres lois postérieures; en sorte que, si les états dressés au conseil, ou si des arrêts déclarent des usagers habiles à exercer des droits d'une certaine nature, ces usagers ne seraient plus actuellement fondés à s'appuyer sur leurs titres anciens pour prétendre que leurs droits sont plus étendus.

38. Comme conséquence des effets de la possession, il faut reconnaître que la jouissance, au delà de trente ans, de droits d'usage plus étendus que ceux spécifiés au titre, a pu faire acquérir à l'usager la prescription en sa faveur; mais cette prescription n'a pu s'acquérir que contre des propriétaires autres que l'État; car, par suite de l'application du principe de l'inaliénabilité du

domaine, la possession de droits d'usage, dans les forêts domaniales, quelque longue qu'elle ait été, n'a jamais pu, pendant tout le temps que ces forêts ont été réunies au domaine, conférer à l'usager des droits plus étendus que ceux dont le titre constitutif ou récognitif relate l'existence.

Évaluation du droit.

39. POSSIBILITÉ. Lorsque les droits de l'usager auront été fixés d'après les titres, ou si le titre se tait sur la quotité, d'après les besoins des usagers, il restera à examiner si la forêt peut suffire aux délivrances nécessaires à la satisfaction arbitrée ; en d'autres termes, il faudra établir la *possibilité* de la forêt en chaque droit d'usage ; car on ne peut estimer la valeur du droit que d'après la quotité *réelle* des produits que la forêt pourra fournir. Les besoins des usagers sont son droit, mais la possibilité de la forêt est la mesure de l'obligation du propriétaire ; c'est d'après ces deux éléments combinés que doit être évalué le capital usager.

40. Cette évaluation trouve des bornes dans l'équité et dans l'intention originaire, quoique

tacite, du concédant des droits d'usage, c'est-à-
dire que la portion que le cantonnement donnera
à l'usager ne doit jamais être plus considérable
que celle qui doit rester au propriétaire, quelque
étendues qu'aient été les délivrances pour l'usage,
soit en raison des droits et du nombre de ceux
qui y prennent part, soit en raison de la possibilité de la forêt. La jurisprudence des cours a, en
toutes circonstances, admis en principe que la
part donnée par le cantonnement aux usagers,
ne devait pas être supérieure à celle réservée au
propriétaire (7). Voilà la règle pour un cantonnement judiciaire ; mais, pour le cantonnement
amiable, les experts peuvent, suivant les circonstances, s'en écarter.

41. Il faut remarquer qu'au cas d'un *aménagement ancien,* la proportion des parts, telle qu'elle
vient d'être présentée, n'est plus applicable, puisque, sur la partie aménagée, le nu - propriétaire
n'a conservé que la propriété du fonds, à l'exclu-
sion de toute la superficie, et on a vu que, dans
ce cas, la jurisprudence fixe, généralement, les
droits du propriétaire de la forêt, tantôt au 10e,
tantôt au 15e de la portion aménagée.

42. PRÉCOMPTE. Comme on l'a vu, les besoins et la possibilité sont deux éléments d'évaluation, mais les besoins peuvent subir une diminution dans le cas où il y aurait lieu à appliquer la mesure du précompte.

Le précompte est la déduction faite aux usagers, dans l'évaluation de leurs droits, de délivrances qu'ils touchent dans d'autres forêts, l'ensemble de toutes les délivrances ne devant pas dépasser la satisfaction des besoins.

Une commune peut être usagère dans plusieurs forêts distinctes appartenant au même propriétaire; dans le cas où ce propriétaire opère le cantonnement des droits d'usage dans l'une de ces forêts, il doit, dans l'évaluation de ces droits, déduire la part de satisfaction fournie par ses autres forêts grevées, car l'usage n'est dû qu'au besoin, et le propriétaire n'est tenu à racheter que les droits qui ne seront plus servis; autrement, après avoir racheté complétement ces droits dans l'une de ses forêts, il serait encore obligé de les servir dans une autre aux mêmes usagers, ce qui est inadmissible. Mais, il est évident que pour pouvoir user de la faculté du précompte, le propriétaire sera tenu d'évaluer le droit des usagers, non en raison des délivrances et de la possibilité, mais en raison de la satisfaction complète, satisfaction déterminée par la jurisprudence, en ce qui concerne le chauffage, comme il a été dit au nº 20.

43. Plusieurs cours impériales ont adopté le précompte dans les forêts possédées en toute propriété par les communes lors de l'évaluation de leurs droits d'usage dans d'autres forêts; mais la cour de cassation n'a jamais admis en principe cette mesure. En effet, il est probable que le droit de propriété de la commune est au moins aussi ancien que son droit d'usage, qu'ils sont tous deux contemporains, et que la concession faite par les seigneurs a été un avantage et non un appoint. Sous un autre point de vue, le précompte, dans une forêt communale, est encore inadmissible : les usages appartiennent aux habitants et leur profitent personnellement; la propriété communale, au contraire, profite au corps communal pour les besoins de l'intérêt général distinct de l'intérêt individuel; ces deux sortes de droits ne peuvent ni se suppléer, ni se compenser mutuellement.

44. On verra que dans le cantonnement amiable, proposé en raison du décret du 19 mai 1857, l'État renonce au précompte sauf le cas où, soit les titres, soit la jouissance, sont une stipulation du contraire. (Voir l'article 8 du décret précité, n° 61.)

Fixation du capital usager.

45. STATISTIQUE DE LA FORÊT. Après l'examen des titres, les experts établissent la statistique de la forêt. En effet, si les délivrances précédentes témoignent qu'on n'a pas pu donner aux usagers la satisfaction complète de leurs droits, le calcul de la possibilité physique de la forêt devient le point fondamental de l'expertise, car cette base est la seule équitable et la seule à l'abri de toute attaque, tant de la part du propriétaire, que de celle des usagers.

La fixation de cette possibilité représente la mesure vraie de l'obligation des propriétaires du fonds, c'est par la statistique que l'on arrivera à connaître la possibilité.

46. Le revenu annuel de la forêt étant établi pour chacun des produits représentant le droit

qu'il s'agit de cantonner, les experts multiplient par vingt chacun de ces revenus et obtiennent ainsi pour chacun de ces droits le capital usager. Le facteur 20 est celui qui est admis généralement par la jurisprudence (8); on verra que c'est celui qui est admis par le décret du 19 mai 1857, pour les cantonnements amiables. (Art. 9.)

17. Le capital usager ainsi trouvé, il faut en déduire le capital des charges qui pèsent sur les usagers, c'est-à-dire, les redevances payées annuellement en vertu des titres, les frais d'exploitation, les frais de garde et ceux d'impôts.

1° *Les redevances.* On conçoit que l'usager devenant propriétaire par le cantonnement n'a plus de redevances à payer au propriétaire, comme lorsqu'il était usager; la valeur de cette redevance exprimée au titre, en argent ou en nature, doit donc être capitalisée au denier-vingt, et doit être déduite du capital usager.

2° *Les frais d'exploitation.* Il en est de même des frais d'exploitation, l'usager cantonné n'ayant plus à rembourser au propriétaire les frais d'exploitation qui étaient à sa charge pour chaque délivrance.

3º *Les frais de garde et les impôts.* Par les mêmes raisons, si les usagers payaient en tout ou partie, les frais de garde de la forêt soumise à l'usage, s'ils payaient les impôts, la valeur de ces charges devra être capitalisée et déduite du capital usager.

48. Dans le cantonnement amiable, les charges à venir de la propriété du canton de forêt échu aux usagers par le fait du cantonnement, sont capitalisées et ajoutées à la valeur du capital à rembourser en nature. Ainsi s'établit une juste compensation. Mais il n'en est pas de même dans le cantonnement judiciaire (9).

Détermination de la portion de forêt équivalente au capital usager.

49. Le capital usager ainsi définitivement fixé, les experts ont à le transformer en une portion équivalente de forêt. Il est du devoir des experts de chercher autant que possible à concilier les intérêts du propriétaire et ceux de l'usager, en assignant leurs parts dans les cantons qui sont le plus à la convenance respective de chacun d'eux. Dans le cantonnement amiable, les usagers ob-

tiendront toujours la préférence sur le propriétaire, en ce qui concerne les convenances à observer dans la détermination du canton à leur délivrer.

50. L'estimation des fonds boisés est certainement l'opération la plus délicate qui incombe aux experts. Plusieurs méthodes d'estimation sont connues, mais aucune ne présente plus de certitude dans le résultat que celle qui a pour base le revenu net de la forêt. Elle repose sur cette règle : « Le prix du sol d'un hectare de bois est égal à la « somme qui, placée pendant la période d'aména- « gement, donne, en intérêts, un produit équiva- « lent au revenu net de cet hectare. »

Mais quels seront les taux d'intérêt à adopter ? c'est ici que se présente pour les experts d'un cantonnement *amiable* l'occasion de plus ou de moins de libéralité, puisque la quotité du prix donné, en *nature de fonds*, aux usagers, sera en raison du taux adopté pour chaque espèce de peuplements.

C'est entre les deux limites de 2 ½ à 3 ½ que l'équité indique qu'il faut choisir. Le même motif déterminera les experts à adopter les intérêts composés, puisqu'ils représentent le mieux la marche à l'accumulation des intérêts des produits ligneux. Dans la meilleure pratique, les experts se serviront donc pour estimer le fonds des lots à abandonner aux usagers; 1° des taux d'intérêts naturels à chaque peuplement; 2° des intérêts composés; 3° du revenu net par hectare et par an de chaque nature de forêt, tant en produits principaux qu'en produits accessoires. Ils obtiendront ainsi la valeur réelle d'un hectare type, qui sera le facteur du nombre d'hectares des parcelles rangées dans une même catégorie.

On verra plus loin, au commentaire des art. 13 et 14 du décret du 19 mai 1857, quelles sont les modifications apportées par ce décret dans ce que nous venons de dire relativement à l'estimation des fonds boisés, en vue du cantonnement *judiciaire*, modifications qui concernent le cantonnement *amiable*.

51. Deux considérations essentielles pour la conciliation seront adoptées avec avantage par les experts, c'est d'abord d'assigner aux usagers un canton le plus à proximité de leurs demeures et offrant, sous le rapport topographique, le plus de facilité pour le transport des produits; en se-

cònd lieu, il y aura avantage pour les communes à recevoir dans leur lot plus de surface et moins de superficie, car, par une sage administration et par des réserves elles doubleront dans un temps rapproché le revenu de ce lot, revenu qui vient de servir de base à la capitalisation.

Frais.

52. Le cantonnement a beaucoup d'analogie avec l'échange; le propriétaire cède en fonds une portion de forêt; l'usager cède les droits à la superficie qu'il a dans toute la forêt; de ce partage naît le partage des frais produits par les opérations de cantonnement; mais ce partage doit être proportionnel à la valeur de la portion que le cantonnement attribue à chacune des parties.

Ainsi, dans la pratique, toutes les fois que le cantonnement est amiable, les frais se compensent.

Mais, dans le cantonnement judiciaire, il est certain que les frais sont à la charge de celui qui succombe dans l'instance.

Dans un cantonnement amiable proposé par l'État, les frais du projet de cantonnement sont généralement peu importants, ces opérations se faisant par des commissions composées d'agents forestiers qui, ordinairement, font eux-mêmes toutes les opérations; mais le cantonnement judiciaire entraîne à des frais d'expertise, de levées de plans et d'instance qui, nécessairement, atteignent un chiffre élevé; ces premiers frais, comme on l'a vu, se compensent; mais si l'usager provoquait une nouvelle expertise, et que le résultat de cette expertise lui attribuât une portion moindre ou seulement égale, la totalité des frais de l'expertise serait à sa charge.

DÉCRET DU 19 MAI 1857. — COMMENTAIRE.

53. On a vu dans tout ce qui précède, quels sont les droits réciproques, et quelles peuvent être les prétentions des usagers, lorsque le propriétaire rachète ces droits par le cantonnement. Les règles qui ont été données s'appliquent aux cantonnements judiciaires, et nous avons fait ressortir les exceptions qui s'appliquent aux cantonnements amiables en général, c'est-à-dire, à ceux qui peuvent être proposés par des particuliers.

Aujourd'hui , le cantonnement de gré à gré offert par l'État a ses règles particulières écrites dans le décret du 19 mai 1857. L'étude de ce décret fera ressortir tout l'avantage qu'offrira, désormais , le cantonnement amiable dans les forêts domaniales.

54. *Décret du 19 mai 1857.* « Vu l'art. 63 du « Code forestier; vu le décret du 12 avril 1854; « considérant qu'il y a lieu d'imprimer aux opéra- « tions de cantonnement la plus grande célérité « possible et en même temps de les diriger dans un « esprit de conciliation ;

« Avons décrété :

« Art. 1er. Les propositions tendant à faire dé- « clarer l'importunité des cantonnements seront « adressées par le conservateur des forêts au préfet, « qui, après avoir pris l'avis du directeur des do- « maines, transmettra le tout, avec son propre « avis, au ministre des finances. Il sera ensuite « procédé conformément à l'art. 1er du décret du « 12 avril 1854. »

Le paragraphe 2 de l'art. 1er du décret du 12 avril 1854, s'exprime ainsi :

« Si cette importunité est reconnue, il est pro-

« cédé par deux agents forestiers aux études né-
« cessaires pour déterminer les offres à faire à
« l'usager.

55. « Art. 2. Dans l'évaluation de l'émolument
« usager, chaque espèce de droits à servir don-
« nera lieu à une estimation distincte. »

Nous avons vu qu'il y a sept espèces de droits
d'usages; plusieurs espèces de droits peuvent se
rencontrer concurremment dans le titre des usagers.

L'évaluation de chacun de ces droits se fera
séparément, en raison de la nature et de la valeur
différente, et la réunion de ces évaluations formera le capital usager.

56. « Art. 3. Pour évaluer l'émolument annuel
« en bois de maronage, on déterminera le volume
« total des bois des espèces dures que comporte
« l'ensemble des bâtiments usagers, et on divisera
« ce volume par le nombre d'années formant la
« durée moyenne desdits bois, eu égard aux es-
« sences employées, à l'âge des bois, à leurs di-
« mensions et aux circonstances locales, telles que
« climat, situation, usages locaux, etc. Toutefois,
« dans le cas où, depuis un grand nombre d'an-

«nées, les délivrances de bois de maronage
«auraient été constamment effectuées dans des
« proportions ordinaires, la moyenne des déli-
«vrances connues pourra être prise pour évalua-
« tion de l'émolument annuel du droit. Pour tenir
« compte des chances d'incendie, on ajoutera à la
« valeur en argent de l'émolument annuel en ma-
«ronage, la somme à laquelle les bâtiments usa-
«gers auront été ou pourront être annuellement
«taxés à titre de primes d'assurances.» Cet article
du décret a pour but de déterminer la capitalisation du bois de marronage de la manière la plus
complète et la plus équitable. En effet, la moyenne
des dernières délivrances peut n'être pas une base
suffisante. Des circonstances ont pu réduire les
délivrances, retarder, de la part des usagers, les
demandes en délivrance; les exploitations ont pu,
en dernier lieu, ne les permettre qu'en bois de
faible volume et de moindre valeur, en sorte que
la moyenne de ces délivrances anormales ne pré-
senterait qu'une valeur inférieure. Ce n'est donc
que lorsqu'il apparaîtra que depuis longues années,
les délivrances se sont effectuées dans des proportions ordinaires, que la moyenne de ces déli-

vrances servira de base; autrement, c'est le cubage des charpentes de tous les bâtiments à servir, divisé par le nombre d'années de la durée moyenne d'une charpente, qui formera la base d'évaluation.

Cette opération délicate est celle qui se rapproche le plus de l'exactitude; les maisons de la commune usagère étant divisées par les experts en catégories de dimensions semblables, ils n'auront qu'à cuber un type de chacune de ces dimensions, pour obtenir, par des multiplications successives, le cubage total.

Une opération non moins délicate est la détermination de la durée moyenne des bois de charpente, chiffre de durée qui deviendra le diviseur du total du cubage. Comme le dit le décret, les experts apprécieront toutes les circonstances favorables ou défavorables, la qualité du bois, son âge, le climat, la situation des bâtiments et enfin l'expérience du passé.

Enfin, le décret a voulu prévoir les chances et les causes locales de besoins extraordinaires; c'est ainsi que pour représenter ceux qui pourraient naître à la suite d'incendies, d'avalanches ou d'ouragans, il a stipulé un capital supplémentaire à ajouter à celui déterminé par l'évaluation du droit.

Combien les usagers ne doivent-ils pas être frappés de cette sollicitude pour une évaluation équitable du droit important de maronage qu'offre à l'avenir le cantonnement amiable proposé par l'État, satisfaction que ne sauraient jamais donner les règles qui enchaînent le cantonnement judiciaire.

57. « Art. 4. La quotité annuelle de l'affouage, « toutes les fois qu'elle ne consisterait pas en une « délivrance fixe, et l'émolument annuel de tous « droits d'usage en bois, autres que le maro-« nage, seront déterminées par des moyennes « calculées sur le plus grand nombre d'années « possible. »

Ici encore le décret établit pour les autres droits que le maronage, les bases d'évaluation qui se rapprochent le plus de la réalité. Si la quotité de délivrance est fixée soit en vertu du titre, soit en raison de la possession, l'évaluation est facile et certaine.

Si la quotité est variable, la moyenne se prendra, non plus sur les dix dernières années, mais sur le plus grand nombre possible, en ayant égard toutefois à la production moyenne de la forêt.

58. « Art. 5. Toutes les fois que les délivrances « stipulées par les titres dépasseront la possibilité « de la forêt, la détermination de cette possibilité « formera l'évaluation de l'émolument annuel usa- « ger. Cette règle s'appliquera à l'évaluation de « chacune des espèces de droits à servir. »

On a vu, n° 39, que la possibilité de la forêt est la mesure de l'obligation du propriétaire. Le décret ne pouvait s'écarter de cette juste base; il l'applique à chacune des espèces de droits, c'est-à-dire, que chacun des droits est *séparément* restreint à la possibilité, et que l'un ne peut pas venir en complément de l'autre.

Ainsi, la possibilité en chauffage ne permettrait pas la capitalisation de la quotité du droit telle qu'elle est exprimée au titre, ou telle que l'a fixée la jurisprudence, que la possibilité en marronage, quoique supérieure à la satisfaction du droit, ne pourrait pas être admise en complément du déficit de la possibilité en chauffage.

59. « Art. 6. La valeur en argent des délivrances

«annuelles sera fixée d'après le prix courant des
« marchandises dans la localité. »

On a vu, art. 3 et 4 précédents, que toutes les
fois que cela sera possible et ne sera pas à l'en-
contre du titre, on prendra pour base la moyenne
des délivrances annuelles, cette moyenne obtenue,
on se fondera pour l'évaluer en argent, sur le prix
courant, au moment de l'opération, de chacune
des natures de bois. Ce prix sera celui du bois
pris en forêt, et non sur les marchés ou même
mis en chargeoir; car l'affouage est délivré sur le
parterre de la coupe; sa valeur doit donc être
estimée à raison de la même condition. Par la
même raison, ce sera le prix du bois *façonné* qui
sera adopté, puisque l'affouage se délivre façonné,
sauf à déduire, du total de l'évaluation, les frais
d'exploitation.

60. Art. 7. « Il sera défalqué de la somme re-
« présentant la valeur annuelle des délivrances :
« 1° Les redevances payées ou dues par les usagers,
« en vertu des titres ; 2° La part des frais de garde
« payée annuellement par eux ; 3° Les frais d'ex-
« ploitation des bois délivrés, si ces frais ne se
« trouvent pas défalqués dans l'évaluation des

« délivrances ; 4° La valeur, s'il y a lieu, des tra-
« vaux mis en charge sur les coupes usagères.

« Il ne sera fait aucune déduction à raison de
« la contribution foncière, à moins que le paye-
« ment n'en ait été mis à la charge des usagers
« par une stipulation expresse du titre. Les frais
« de timbre des actes relatifs aux délivrances ne
« seront pas non plus défalqués. »

On a vu au n° 47, quelles sont les charges qui
se capitalisent pour être déduites du capital usager.
Le décret maintient cette règle en retranchant,
toutefois, la déduction qui concerne la contribution foncière, à moins que la charge des impôts
ne soit expressément stipulée au titre. Le gouvernement renonce à défalquer de la valeur des
délivrances usagères le montant de l'impôt foncier,
alors même que cet impôt aurait été acquitté par
les usagers.

C'est là encore un des nouveaux avantages du
cantonnement amiable.

61. Art. 8. « Les produits en bois que les usagers
« retirent annuellement de leurs propres forêts ne
« seront pas précomptés en déduction de l'émo-
« lument du droit d'usage, sauf le cas où, soit

«d'après les stipulations expresses du titre, soit
« d'après des faits de jouissance équivalents à titre,
«les délivrances ne devraient être faites aux
« usagers qu'après l'emploi de leurs propres res-
« sources en bois et en complément de ces mêmes
« ressources. » Le décret n'admet point le *précompte*
en déduction du capital usager, en ce sens que
les délivrances, que les usagers reçoivent dans
leurs propres forêts, ne seront pas défalquées de
l'évaluation du droit entier ou du besoin complet.

La théorie contraire est admise par un assez
grand nombre de cours, et la plupart des experts
la mettent en pratique dans les cantonnements
judiciaires.

Mais l'application du précompte, telle qu'elle
a été présentée au n° 42, subsiste à l'égard du
cantonnement amiable actuel, c'est-à-dire que si
l'État cantonne les droits des usagers dans plusieurs forêts distinctes dans lesquels ces usagers
exercent simultanément leurs droits, l'ensemble
des cantonnements partiels ne doit pas excéder
la valeur du droit stipulé dans le titre ou réglé
par l'usage ancien, et, à défaut, réglé par la jurisprudence, comme on l'a vu au n° 20.

62. Art. 9. « Le revenu net du droit d'usage sera « capitalisé au denier vingt. »

Le décret s'est arrêté pour la capitalisation du revenu annuel et net, à vingt fois sa valeur. C'est en effet le facteur le plus rationnel, et généralement admis par la jurisprudence, comme on l'a vu au n° 46.

63. Art. 10. « A la valeur ainsi déterminée de « l'émolement du droit d'usage, il sera ajouté à « titre de concession : 1° une somme égale à 15 « p. 100 de ladite valeur ; 2° le capital au denier « vingt des frais de garde et d'impôt que les usagers, « une fois cantonnés, auront à supporter comme « propriétaire. »

On a vu que la préoccupation du décret est d'établir la base de ses offres sur les évaluations qui se rapprochent le plus de la réalité et de l'équité ; mais il ne s'en tient pas là, il y ajoute plusieurs autres capitalisations dont l'ensemble forme près de 25 p. 100 sur la valeur totale de l'émolument usager capitalisé, c'est-à-dire que le décret donne à l'usager un quart en plus de son droit. Cette concession généreuse qui n'appartient qu'au cantonnement *amiable,* est une preuve de là sollicitude du gouvernement pour les communes dont il est le tuteur naturel. D'une part, cette concession compense largement la perte qui semble résulter pour les usagers du changement de jouissance apporté par le cantonnement, perte souvent plus apparente au moment de l'opération que réelle dans l'avenir, et, par conséquence, qui ne saurait, en aucun cas, faire l'objet d'une évaluation.

D'autre part, cette large concession fait un devoir aux communes usagères de transiger sur des prétentions qu'elles sont la plupart du temps tentées de soumettre aux tribunaux, en acceptant franchement et avec confiance les offres amiables qui sont élaborées dans l'esprit du décret du 19 mai 1857.

Les avantages du cantonnement amiable actuel sont tels, que les tribunaux, ou les cours, même celles dont la jurisprudence est la plus large en cette matière, ne pourront en atteindre les dispositions généreuses.

Les communes récalcitrantes ne pourraient donc qu'encourir des frais considérables, sans obtenir un résultat aussi favorable.

En première ligne, le décret, en ce qui concerne les forêts domaniales, accorde un supplément de capital usager de la valeur de 15 p. 100 sur la valeur de ce capital. Ainsi, le capital usager, étant fixé à cent mille francs, ce sera cent quinze mille francs qu'il atteindra d'abord.

En second lieu, les experts évalueront les frais annuels futurs de garde de la partie de forêt abandonnée aux usagers, et encore les frais annuels futurs de la contribution foncière de cette même partie, pour en former un nouveau capital en multipliant par vingt la somme de ces frais.

Les bases de ces évaluations sont faciles; le traitement actuel du garde offre les données d'une répartition en raison de la contenance.

Quant à la contribution foncière, la classe et le revenu de forêts communales ou particulières inscrits à la matrice cadastrale du lieu, seront des éléments suffisants.

L'expérience prouve que ces deux capitalisations atteignent 10 p. 100 du capital usager. C'est ainsi que, dans l'exemple précédemment pris, le droit capitalisé cent mille francs sera servi par une portion de forêt de cent vingt-cinq mille francs.

64. Art. 11. «Lorsque la forêt à affranchir de «droits d'usage en bois sera grevée en outre de

« droits de parcours, pour tenir compte à l'usager
« de ses droits en taux que grèvent la partie de
« forêt attribuée en cantonnement, il sera ajouté
« au capital de l'émolument usager une somme
« égale au produit de la capitalisation au denier
« vingt du revenu annuel qui pourrait être retiré
« du parcours sur ladite portion de forêt. »

On verra plus loin, deuxième partie, que les
droits de pâturage ou de parcours ne se cantonnent
pas, mais se rachètent en argent. Cependant, dans
le cas de cantonnement de droits d'usage exercés
concurremment avec des droits de pâturage, ces
derniers qui font peser sur toute la forêt une dé-
préciation dont on doit tenir compte aux usagers
en ce qui concerne la portion offerte en cantonnement, feront l'objet d'une évaluation à ajouter au
capital usager.

Cette capitalisation s'obtiendra en multipliant
par vingt le revenu annuel que produira l'estimation de l'exercice du parcours.

65. Art. 12. « Le cantonnement sera assis,
« autant que possible, à la convenance des usagers. »

C'est-à-dire que la portion offerte aux usagers
sera, autant que possible, à proximité des maisons

usagères et présentera, pour le transport des produits, les chemins ou les pentes les plus convenables.

66. Art. 13. « La superficie entière du cantonne-« ment sera estimée à sa valeur vénale actuelle. Les « bois trop jeunes pour avoir une valeur actuelle-« ment commerçable, seront estimés d'après leur « produit présumé à l'âge, où ils commenceront « à remplir cette condition. »

Toute la superficie sera estimée comme bois à abattre et, par conséquent, suivant le prix actuel de chacune des catégories des produits ; mais il peut se présenter des portions de bois trop jeunes pour donner des produits ayant cours dans le commerce, le décret dispose que ces superficies seront estimées d'après leur valeur présumée à l'âge, où ils commenceront à donner des produits commerçables, produits pour le calcul desquels on emploiera le taux d'intérêt des placements en biens-fonds similaires dans la localité.

On a vu, n° 50, que l'estimation des fonds boisés est dans le cantonnement l'opération la plus délicate puisqu'elle est laissée au libre arbitre des experts ; aussi l'administration a-t-elle voulu tracer,

5

autant que possible, les règles qui devront diriger les experts pour répondre aux vues du décret; nous allons retracer ces règles, elles émanent de la circulaire du directeur général des forêts, approuvée par le ministre des finances, en exécution du décret du 19 mai 1857. «.... L'estimation en matière des taillis et des futaies devra être effectuée, selon l'usage, parcelle par parcelle et arbre par arbre; mais dans l'estimation en argent, les agents ne perdront pas de vue que la valeur vénale actuelle d'un massif n'est pas égale à la somme des valeurs vénales actuelles, prises isolément, de tous les pieds d'arbres compris dans ce massif. A mesure que la masse des produits à livrer à la fois s'élève, le prix de l'unité de ces mêmes produits s'abaisse; plus l'étendue d'une propriété à vendre en bloc augmente, plus la valeur particulière de chacun de ces éléments s'amoindrit, parce que les capitaux les plus considérables sont ceux qui se déplacent le plus difficilement et qui exigent le loyer le plus cher. Il est indispensable de tenir compte de ces considérations dans la détermination de la valeur vénale d'un cantonnement. »

67. « Art. 14. Le sol sera estimé d'après la
« valeur des sols boisés similaires dans la localité.
« Cette valeur sera déterminée au moyen de transac-
« tions connues, le sol sera estimé directement
« par des calculs basés sur le produit net dont ce
« sol serait susceptible, étant cultivé en nature de
« bois, à l'exploitabilité déterminée par le maximum
« d'intérêt annuel en argent du capital engagé.

« Dans l'un et l'autre cas, le produit du pâ-
« turage sera compté parmi les éléments de revenu
« du sol. Il ne sera pas tenu compte du droit de
« chasse et de pêche. Le taux d'intérêt à employer
« dans les calculs sera celui des placements en
« biens-fonds similaires dans la localité. »

Le sol sera estimé, non plus d'après la valeur
des terres arables de même classe, comme le
prescrivait l'arrêté du 4 mars 1830, ce qui était
une cause d'exagération, mais d'après la valeur
des fonds de bois. Toutes les fois que des ventes
antérieures dans la localité permettront de se servir de cette base, la plus équitable, les experts
l'adopteront; mais, à défaut de ce précédent, le
décret leur donne les éléments les plus rationnels
pour établir la valeur du sol.

Le pâturage, lorsqu'il paraîtra susceptible d'être exercé, sera évalué comme revenu du sol; mais, par contre, il sera pris en considération dans l'évaluation du revenu de la superficie, en ce sens que le revenu sera moins considérable que si le pâturage, cause de détérioration, n'taéit pas exercé.

Les droits de chasse et de pêche sont des revenus du sol qui ne nuisent pas à la forêt; ils devraient donc être pris en considération dans l'estimation du lot des usagers, mais le Gouvernement, pour donner une nouvelle preuve de ses intentions conciliantes, renonce à cette évaluation.

68. « Art. 15. Les procès-verbaux contenant « proposition de cantonnement seront dressés en « double expédition. Il y sera joint un plan du « cantonnement sur lequel la portion de forêt re- « présentant les concessions faites à l'usager sera « distinctement figurée.

« Art. 16. Notre Ministre secrétaire d'État des « finances est chargé de l'exécution du présent « décret.

« Fait au palais de Fontainebleau, le 19 mai « 1857.   « NAPOLÉON. »

69. Nous donnerons, en terminant, la circulaire, en exécution de ce décret, du Ministre de l'intérieur, en date du 22 juin 1857 :

« Monsieur le préfet,

« Je viens appeler votre attention sur un décret impérial du 19 mai dernier, qui trace la marche à suivre pour le cantonnement des droits d'usage dans les forêts de l'État. Les dispositions de ce décret ont pour but d'imprimer la plus grande célérité possible aux opérations de cantonnement et de les diriger dans un esprit d'équité et de conciliation.

« L'exercice de droits d'usage dans les bois domaniaux est, comme vous le savez, non-seulement un grand obstacle à leur amélioration, mais aussi une source de difficultés nombreuses et irritantes. On conçoit donc que le Gouvernement fasse des efforts pour affranchir des servitudes qui la grèvent, cette portion si importante du domaine de l'État; mais il veut, en même temps, que les usagers soient largement indemnisés de la perte de leurs droits.

« Jusqu'à présent, lorsque l'Administration des forêts jugeait opportun de recourir à la mesure du cantonnement, elle proposait à l'usager de lui abandonner, en toute propriété, une portion de bois équivalant seulement au prix vénal du droit. Aujourd'hui, le Gouvernement, désireux de faciliter, autant que possible, la solution amiable des cantonnements, offre à l'usager des avantages qui dépassent de 25 p. 100 le montant de son émolument.

« Je vous engage dès lors, Monsieur le préfet, à éclairer à cet égard les communes intéressées de votre département, afin qu'elles soient bien pénétrées de l'importance des concessions qui leur sont faites.

« Vous leur expliquerez notamment que si, le cas échéant, elles ne profitaient pas des intentions bienveillantes du Gouvernement, elles renonceraient volontairement à un avantage précieux, et s'exposeraient, en outre, à des procès, dont le moindre inconvénient serait de prolonger un état de choses également fâcheux pour le propriétaire et pour l'usager. »

DEUXIÈME PARTIE.

―――

Rachat des droits d'usage en pâturage.

70. L'art. 64 du Code forestier s'exprime ainsi :
« Quant aux autres droits d'usage quelconques et
« aux pâturage, pacage et glandée, dans les mêmes
« forêts, ils ne pourront être convertis en canton-
« nement; mais ils pourront être rachetés moyen-
« nant des indemnités qui seront réglées de gré à
« gré, ou, en cas de contestation, par les tribu-
« naux.

« Néanmoins, le rachat ne pourra être requis
« par l'Administration, dans les lieux où l'exercice
« du droit de pâturage est devenu d'une absolue
« nécessité pour les habitants d'une ou plusieurs
« communes.

« Si cette nécessité est contestée par l'adminis-
« tration forestière, les parties se pourvoiront de-
« vant le conseil de préfecture, qui, après une
« enquête de *commodo* et *incommodo*, statuera,
« sauf le recours au conseil d'État. »

On voit la différence qui existe entre les deux
modes de rachat des droits.

Ceux qui viennent d'être examinés dans la première partie du Manuel se rachètent en nature de
même espèce; quant à ceux qui restent à examiner, c'est-à-dire, ceux autres que ceux qui ont
pour objet des délivrances en bois, ils se paient
en argent. Dans le premier cas, le propriétaire est
toujours libre de cantonner les usagers; dans le
second, cette faculté est subordonnée à l'absolue
nécessité que peuvent avoir les usagers d'user de
leurs droits en nature. Mais dans l'un et l'autre
cas, l'esprit de la loi est le même, c'est que les
parties traitent de *gré à gré*.

71. Ce chapitre comprend tous les droits autres
que ceux en délivrances de bois; les titres peuvent
en comprendre un grand nombre, mais les principaux sont les droits au pâturage, pacage, glandée, pierrres pour bâtiments, sable, argile,

marné, tourbe, bruyère et feuilles mortes. Mais le droit qu'a principalement en vue l'art. 64 du Code forestier, est le droit de pâturage qui a pour synonymes les expressions *pacage* ou *parcours;* c'est donc celui dont il va être question en premier lieu.

72. PATURAGE. Le pâturage n'est sujet au *rachat* qu'autant qu'il s'exerce dans les bois soumis au régime forestier; autrement, c'est-à-dire, dans les prés-bois, dans les propriétés rurales, sur les sommets dénudés des montagnes généralement appelés gazons ou chaumes, le pâturage est soumis au *cantonnement* qui peut être demandé par le propriétaire aussi bien que par l'usager.

73. Les droits de pâturage ne sont pas indivisibles de leur nature, comme les droits d'usage en bois; ainsi, lorsqu'un droit de pâturage affecte la totalité d'une forêt, chacun des copropriétaires partiels de cette forêt, peut exercer le rachat pour sa position seulement; mais, dans ce cas, les experts doivent prendre en considération, dans l'évaluation, le préjudice que le rachat *partiel* fait subir à l'usager. Or, un préjudice existe réellement, puisque l'usager supportera les mêmes frais

de garde et autres pour une étendue moindre de parcours.

74. Le rachat présente, quant à la manière d'opérer, la plus grande analogie avec le cantonnement. Pour l'évaluation du capital usager, les experts auront à apprécier l'étendue de l'usage : 1° d'après les titres; 2° d'après la nature du droit; 3° d'après les produits qui en font l'objet; 4° et, enfin, d'après le nombre des parties prenantes. La valeur annuelle étant fixée en raison de ces divers éléments, elle sera multipliée par vingt, ce qui donnera le capital usager.

Pour opérer, les experts devront faire le recensement des maisons usagères et celui des bestiaux qu'elles renferment en distinguant les bestiaux servant à la culture ou destinés à fournir des produits, de ceux dont les usagers font commerce, puisque, aux termes de l'art. 70 du Code forestier, ces derniers sont exceptés de l'exercice du droit de pâturage. Si le titre des usagers fixait d'une manière invariable le nombre de bestiaux admis à l'exercice du pâturage, ce nombre serait la véritable et seule base de l'évaluation.

75. Enfin, dans le rachat, comme dans le can-

tonnement, l'examen de la possibilité de la forêt doit contrôler, et, au besoin, réduire l'évaluation du droit à cette limite de la possibilité que les experts ne peuvent outrepasser. La détermination et la possibilité en produits de pâture est une opétion délicate : les experts auront pour éléments d'étude le nombre du bétail qui en profitait, le plus ou moins de durée de ce pâturage. La race plus ou moins forte du bétail; enfin, et surtout, l'aménagement de la forêt qui influera beaucoup sur le produit herbager.

76. Par les mêmes motifs que ceux donnés au chapitre du cantonnement, n° 47, les experts formeront le capital des charges pour le retrancher du capital usager. Ces charges sont : 1° les redevances usagères, s'il en est dû en vertu des titres; 2° les frais de conduite et de garde des bestiaux, puisque l'art. 72 du Code forestier oblige les usagers à avoir des pâtres communs choisis par l'autorité municipale et rétribués par les usagers; 3° les frais de marque et de clochettes imposées par les art. 73 et 75 du même Code (10).

77. Tel est le mode de rachat du pâturage. Les mêmes principes s'appliquent aux autres droits

de même nature qui seront examinés aux numéros suivants. Mais comme on l'a vu, le rachat ne peut s'exercer qu'autant que ces droits ne sont pas d'une absolue nécessité. C'est aux usagers à opposer l'absolue nécessité et, par conséquent, c'est à eux à la prouver ; les experts n'auront que la mission délicate de contrôler.

Le cas d'une absolue nécessité se présentera rarement, et les administrateurs des communes sentiront qu'ils ne doivent l'opposer qu'avec la plus grande circonspection. En effet, il faut que les communes prouvent qu'elles ne peuvent, par aucun moyen, c'est-à-dire, par des prairies naturelles ou artificielles, par des plantes alimentaires, suppléer au pâturage (11).

Les contestations relatives à l'absolue nécessité seront du ressort de l'autorité administrative, lorsque ces droits seront exercés dans des forêts particulières, comme lorsqu'il s'agira de droits exercés dans les forêts de l'État (12). La jurisprudence est aujourd'hui fixée sur ce point. Il en est de même de l'enquête de *commodo et incommodo,* relative à la constatation de l'absolue nécessité ; elle sera prescrite par l'autorité administrative ; mais dans cette enquête, les habitants de la commune usagère ne pourront pas être entendus comme témoins, puisque nul ne peut être entendu comme témoin dans sa cause.

78. PACAGE. Les mêmes principes s'appliquent au pacage puisque c'est un genre de pâturage, mais d'une valeur beaucoup inférieure, tant sous le rapport des produits, que du nombre d'animaux qui y prennent part.

79. GLANDÉE. L'évaluation de ce droit se fait en raison de la valeur des délivrances en fruits. La moyenne des délivrances des dix dernières années donnera le revenu qui, multiplié par vingt, représentera le capital usager. Les principes de l'absolue nécessité sont applicables à la glandée.

80. AUTRES DROITS. Pour tous les autres droits énumérés dans ce chapitre, ou qui peuvent se rencontrer dans les titres, la base de capitalisation sera toujours la moyenne de la valeur en argent des délivrances des dix dernières années. Il est néanmoins une observation à faire relativement au droit de pierres pour bâtiments, c'est que la moyenne cherchée devra remonter au plus grand nombre d'années possible. En effet, la cir-

constance de constructions se présente rarement, et la plupart du temps les experts devront chercher une autre base et calculer la valeur du droit en raison des circonstances locales. Il faut ajouter que l'absolue nécessité, à défaut de carrières dans un périmètre rapproché, pourra être invoquée par la commune usagère.

NOTES.

---

(1) Un arrêt de cassation du 9 avril 1840, donne ce considérant dans une affaire où il s'agissait de l'interprétation d'un titre de droit d'usage : Attendu, en droit, que, lorsque les actes présentent quelque incertitude, l'interprète le plus sûr en est l'exécution volontaire, formelle et réitérée que leur ont donnée les parties intéressées, qui se rendent ainsi non recevables à méconnaître ensuite leurs propres faits.

(2) L'aménagement ancien est ainsi défini dans un arrêt de Paris de 1531 : Ayant usage de bois pour son chauffage ou pour bâtir, peut soutenir que tel droit lui appartient en toute la forêt et en chacune partie d'icelle ; si est ce pourtant qu'afin d'éviter difformité de la forêt, son dit droit d'usage lui doit être limité en un certain endroit et défendu de s'élargir plus avant, le *reste demeurant quitte et libre du dit usage au seigneur propriétaire et requérant.*

(3) Un arrêt de cassation, du 20 mai 1828, s'exprime ainsi : Considérant qu'il résulte de la transaction de 1629, que les parties n'ont entendu faire qu'un simple aménagement ; qu'ainsi la propriété tout entière de la forêt dont il s'agit n'avait pas cessé d'appartenir au seigneur, et que les

usagers sur la totalité de la forêt avaient seulement été réduits à exercer leurs droits d'usage, sur une partie de cette même forêt; mais qu'en 1824, les représentants du ci-devant seigneur, ayant demandé le cantonnement, c'est-à-dire, offert l'abandon d'une partie de la propriété pour rédimer le surplus du droit d'usage, avaient par cela même consenti au résiliement de l'acte de 1619; que, dès ce moment, les parties ont été rétablies dans leur état primitif; que, dans cet état de choses, l'arrêt attaqué a fait une juste application de la loi, en ordonnant que le cantonnement demandé serait exercé sur la totalité des bois qui, avant 1619, étaient soumis au droit d'usage des défendeurs.

(4) On lit dans les considérants d'un arrêt de la cour de Nancy, en date du 9 mai 1837 : Considérant que se fonder, pour interdire à tout jamais l'exercice du cantonnement au propriétaire de la forêt, en n'en tirant d'autre profit que le tiers-denier, sur ce que ce propriétaire a par là fixé le genre d'utilité qu'il entendrait en tirer; qu'il a borné lui-même les effets de son droit de propriété, et que lui permettre le cantonnement ce serait aller contre la convention originaire et la détruire sans motifs, c'est évidemment méconnaître la nature et le but du cantonnement; que celui-ci, mesure moderne et nécessairement postérieure à toutes les concessions de droits d'usage, a eu précisément pour but d'intervertir le titre primitif et d'établir un contrat tout différent du premier, de dégager la forêt grevée d'usage d'une servitude onéreuse, de la faire sortir de l'espèce d'inertie dans laquelle

la tenait le droit d'usage, et, sous un point de vue général, se rattachant plus particulièrement à l'intérêt public, de conserver les bois dans leurs produits les plus importants, par la multiplication des quarts de réserve...

L'arrêt a été confirmé par la cour de cassation.

(5) L'ordonnance de 1669 désigne comme mort-bois les neuf especes suivantes : saulx, marsaulx, épine, puime, sens, aulne, genêts, genièvres et ronches et non autres. Ces noms doivent aujourd'hui se traduire ainsi : saules, saules marsaults, épines, prunelliers, sureaux, aulnes, genêts, genevriers et ronces.

(6) Un arrêt de cassation du 11 juillet 1838, s'exprime ainsi :

Attendu qu'aux termes de l'art. 706 du Code civil, la servitude est éteinte par le non-usage pendant trente ans, et que, d'après l'art. 707, les trente ans commencent à courir du jour où l'on a cessé d'en jouir, ou du jour où il a été fait un acte contraire à la servitude;

Attendu qu'en appliquant aux servitudes la disposition de l'art. 2257, que la prescription ne court point à l'égard d'une créance qui dépend d'une condition jusqu'à ce que la condition arrive, on ne doit l'entendre que d'un événement qui change l'état des choses ou des personnes, soit qu'il dépende de la volonté des contractants comme dans le cas de la servitude *altius non tollendi*, soit qu'il ne dépende pas de leur volonté, comme dans le cas d'un douaire;

Attendu que l'usager ne peut, à la vérité, demander du bois que dans la proportion de ses besoins; le propriétaire peut même prétendre qu'il n'existe aucun besoin actuel; mais la prétention de l'usager, qu'il s'est écoulé trente et quarante ans sans avoir eu besoin de faire aucune réparation est contraire à l'expérience; il est visiblement impossible d'appliquer, relativement à la prescription, le caractère et les effets des obligations conditionnelles, à un droit d'usage pour construction et réparation des bâtiments; on y retrouve, au contraire, les deux conditions exigées pour la prescription; abdication présumée d'un droit que l'usager a négligé d'exercer, et possession de liberté continue par le propriétaire du fonds servant sur lequel la servitude a cessé d'être exercée.

(7) Un arrêt définitif de la cour de Colmar, du 15 février 1838, s'exprime ainsi :

Considérant, quant au cantonnement, que, pour bien se fixer à cet égard, il faut voir et apprécier sainement la position et les droits de l'usager, ainsi que ceux du propriétaire; que l'usager a sans doute le droit de jouir de la servitude en conformité de son titre, mais que son droit est bien différent de celui du propriétaire, qui seul représente de fait et légalement la propriété, qui en paie les impositions, ainsi que les frais de garde, et exerce ainsi tous les droits actifs inhérents à cette propriété; que, en remontant à l'origine de la concession première, et en l'appréciant sous le rapport de l'intention tant du propriétaire de forêts couvrant un pays sauvage et non encore peuplé, qui concédait des droits d'usage très-étendus pour attirer des colons à l'effet de défricher et cultiver sa propriété, que de celle du colon qui acceptait ces droits d'usage pour lui et sa descendance, et qui ne s'établissait dans cette contrée, de préférence à d'autres; que sous la foi de cette concession, on est facilement amené à reconnaître que, quelle que soit l'étendue des droits concédés, le propriétaire n'a pas eu l'intention de se dépouiller gratuitement de toute sa propriété; qu'au contraire, il a dans tous les cas dû et voulu en conserver une forte partie, ce qui lui était d'ailleurs assuré et garanti par la loi qui lui donnait le droit de demander un cantonnement, et d'abandonner à l'usager une portion de sa forêt pour affranchir celle qui lui serait attribuée de tous droits d'usage ou de servitude quelconques; que depuis longues années, il se fait un grand nombre de cantonnements qui présentaient une grande analogie avec l'espèce actuelle, les droits d'usage étant à peu près les mêmes, et ayant un rapport analogue avec la superficie des forêts; que, lors de ces cantonnements, l'abandonnement fait à l'usager, qui avait des droits très-étendus, étaient en général du tiers de la forêt; qu'il a obtenu quelquefois les deux cinquièmes dans des cas exceptionnels, mais que les fastes de la jurisprudence n'offrent que très-peu d'exemples de *cantonnements à moitié*; que justice *large et complète* sera donc rendue, dans l'espèce, en adoptant, dès à présent, cette dernière base; quant à celle des communes qui ont les droits les plus étendus, et celle du cantonnement au tiers, quant aux autres communes dont les droits d'usage sont bien inférieurs, sans qu'il soit nécessaire d'attendre le résultat de l'expertise, soit *quant à la capitalisation des droits, soit quant à la possibilité des forêts, soit quant à une foule d'autres points.*

(8) Un arrêt définitif de la cour de Nancy, du 24 juillet 1841, s'exprime ainsi :

Attendu que la capitalisation au denier vingt, qui est le taux légal, paraît le mieux concilier les droits de toutes les parties ; qu'admettre pour multiplicateur un chiffre qui varierait en raison du taux des placements, serait trop exposer le propriétaire et l'usager à des pertes ou à des gains suivant que, du moment de la demande en cantonnement, des événements publics auraient pu rendre les placements plus ou moins faciles ; que si, comme le proposent les communes, on multipliait le produit annuel par le nombre d'années nécessaire à l'aménagement de la forêt, on léserait évidemment le droit du propriétaire, puisque, après le cantonnement, l'usager conserverait le même revenu et aurait remplacé son droit d'usage par un droit de propriété.

(9) Un arrêt de la cour de Colmar, du 13 juillet 1824, s'exprime ainsi :

Que le propriétaire de la forêt se trouve, de droit, dégrevé de la part proportionnelle de la garde et de l'impôt, sans que, dans aucun cas, les usagers qui en sont grevés par suite du cantonnement puissent faire valoir cette considération, qui est un accessoire forcé de la propriété, pour se faire attribuer au delà de la fixation qui leur compète.

Un grand nombre d'arrêts consacrent le même principe.

Curasson est du même avis en s'exprimant ainsi :

Quant aux impôts et frais de garde, ils deviennent une charge de la propriété que l'usager acquiert, et il ne peut être question de l'en indemniser.

(10) Un arrêt définitif de la cour de Nancy en date du 20 juillet 1843 (les héritiers de Clinchamps contre Biétrix) s'exprime ainsi à cet égard :

La redevance établie par l'acte de concession doit être compensée avec la prestation; il y a lieu de diminuer le chiffre de l'indemnité du capital de cette redevance, dont la capitalisation doit se faire au denier vingt. Cette diminution doit porter aussi sur les droits de garde, de marque et de clochettes, mais non sur la charge de pourvoir à la nourriture du bétail, les jours où le mauvais temps ne permet pas de l'envoyer au parcours, et les jours même où le parcours est possible, ni sur la charge résultant de la construction et de l'entretien du gîte nécessaire au logement du bétail et des domestiques, ainsi que des gages de ceux-ci. En principe, pour déterminer le prix de rachat d'un droit de pâturage, on ne doit s'attacher qu'à évaluer le produit que l'usager pouvait tirer de l'exercice de ce droit, et lui attribuer l'équivalent en argent.

(11) Un arrêt de la cour de Bourges, du 5 juillet 1842, s'exprime ainsi :

Considérant qu'en principe général, le rachat du droit de pacage est proclamé par le Code; qu'à la vérité, il peut être admis que le pacage est d'absolue nécessité pour les communes, mais que, dans l'espèce, il est constaté qu'il existe dans le territoire des communes appelantes des prés en suffisante quantité pour nourrir les bestiaux nécessaires à l'exploitation; que les terres labourables sont de nature à produire des fourrages artificiels; qu'ainsi les habitants peuvent facilement pourvoir à la nourriture de leurs bestiaux, sans que le pacage leur soit absolument nécessaire.

(12) Un arrêt de cassation, du 11 novembre 1846, s'exprime ainsi :

Vu les art. 54 et 120 du Code forestier;

· Considérant que d'après ce dernier article, toutes les dispositions contenues dans l'art. 64 sont applicables à l'exercice des droits d'usage, dans les bois des particuliers; d'où il suit que, conformément audit art. 64, les contestations qui peuvent s'élever sur l'absolue nécessité du droit de pâturage pour les habitants d'une commune usagère doivent être portées devant le conseil de préfecture;

Considérant que l'art. 121 du même Code doit être concilié avec l'art. 120 et n'a, dès lors, renvoyé aux tribunaux que les contestations d'une autre nature qui pourraient survenir entre le propriétaire et l'usager.

TABLE DES MATIÈRES.

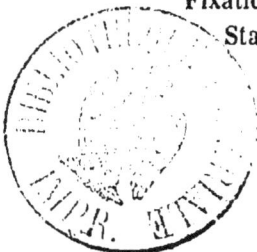

———◦◦◦◦◦◦———

www.ingramcontent.com/pod-product-compliance
Lightning Source LLC
Chambersburg PA
CBHW050617210326
41521CB00008B/1283